DISSERTATION

SUR LA DIFFERENCE

DE DEUX

ANCIENNES RELIGIONS,

LA GRECQUE

ET

LA ROMAINE.

Par M. l'Abbé C O Y E R.

Dignus, Roma, locus quò Deus omnis eat.
Ovid. lib. 4. Fast.

A LONDRES,

Et se trouve à Paris

Chez DUCHESNE, Libraire, rue S.
Jacques, au-dessous de la fontaine
S. Benoît, au Temple du Goût.

M. D. CC. LV.

DISSERTATION

CATALOGUE

ET

A LONDRES,

Chez DUCHESNE, Libraire,

DISSERTATION

SUR LA DIFFÉRENCE
DE DEUX
ANCIENNES RELIGIONS,
LA GRECQUE
ET
LA ROMAINE.

N dit communément que Numa donna la religion à Rome. C'est confondre les ornemens d'un édifice avec la construction ? Il est vrai que Numa

donna de l'ordre & de l'étendue aux cérémonies, aux fêtes, aux sacrifices, au ministère sacré : mais le fond de tout cela, Romulus l'avoit mis dans Rome en la fondant ; & les rois, ses successeurs, ne firent que cultiver les semences de religion qu'il avoit jettées (a). Numa lui-même tout inspiré qu'il vouloit paroître ne touche point aux institutions de Romulus (b). Est-ce donc Romulus qu'il faut regarder comme le père de la religion romaine ? On se tromperoit encore : il l'avoit apportée d'Albe, & Albe l'avoit reçûe des Grecs. On en

-----

(a) Dionysius Halicarnass. lib. 2. pag. 94. *édition de Francfort.*
(b) Ibid. pag. 124.

montre la source , si Enée eſt venu en Italie. C'eſt Aſcagne ſon fils qui bâtit la ville d'Albe (c) , où il établit la religion de Troye, or la religion de Troye n'étoit au fond que la religion grècque : Troye la tenoit de Dardanus ſon fondateur , & les premiers Troyens ſortirent avec lui du Péloponèſe (d). Dardanus, Enée, Aſcagne , Romulus , voilà les canaux par où la religion grècque auroit paſſé à Rome.

Mais que l'on coupe ces canaux , il s'en trouve d'autres. Les critiques qui conteſtent la venue d'Enée en Italie , ne nient pas qu'avant même la guerre de Troye pluſieurs colonies grècques, les Arcadiens ſous

(c) Ibid. pag. 53. (d) Ibid. pag. 49.

Œnotrus , les Palantiens sous Evandre ; les Pélasges ne soient venus s'établir avec leur dieux en Italie (*e*). Ainsi sans recourir à Enée, la religion grècque se trouve à la naissance de Rome. Remus & Romulus un peu avant que de poser la première pierre célèbrent les Luperlucales , selon la coutume d'Arcadie & l'institution d'Evandre (*f*) ; & lorsque la ville reçoit ses citoyens, Romulus commençant par le culte des dieux consacre des temples , éleve des autels , établit des fêtes & des sacrifices, en prenant dans la religion grècque tout ce qu'il y a de mieux (*g*).

____

(*e*) Idem , lib. 1. pag. 75.
(*f*) Ibid. pag. 67.
(*g*) Idem , lib. 2. pag. 90.

Il y a plus, les monumens l'at-
testérent long-tems à Rome, &
dans les autres villes d'Italie,
un autel érigé à Evandre sur le
mont Aventin, un autre à Car-
menta sa mere près du Capitole (*h*), des sacrifices à Saturne
selon le rit grec (*i*), le temple de Junon à Faléres, mo-
délé sur celui d'Argos, & le culte
qui se ressembloit (*l*). Ces mo-
numens, & tant d'autres que
Denys d'Halicarnasse avoit vûs
en partie, lui font dire que Rome
étoit une ville grècque (*m*). Je
citerai souvent cet auteur, parce
que sans avoir la force & la
pompe de Tite-Live, il est peut-

(*h*) Dionyf. Hal. lib. 1. pag. 25.
(*i*) Ibid. pag. 27. (*l*) Ibid. pag. 17.
(*m*) Ibid. pag. 75.

être le seul qui par ses détails, son discernement & sa critique judicieuse nous fasse connoître à fond les Romains.

La religion romaine étoit donc fille de la religion grècque. On n'est pas surpris qu'une fille ressemble à sa mère, comme on ne l'est pas qu'elle en différe en quelque chose. Mais pour sçavoir quelle fut la différence de l'une à l'autre, il faut examiner ce que les Romains ajoutérent à la religion grècque, & ce qu'ils en retranchérent. Or ces additions & ces retranchemens peuvent se présenter sous quatre faces.. 1°. Rome en adoptant la religion grècque voulut des dieux plus respectables. 2°. Des dogmes plus sensés. 3°. Un merveilleux moins fanatique. 4°. Un culte plus fage. Développons ces quatre points, & nous aurons le fyftême & la différence des deux religions.

Ecartons - nous d'abord d'un point de vûe qui pourroit nous égarer : c'eft la religion des phi- lofophes grecs ou romains ; quel- ques-uns nioient l'exiftence des dieux , les autres doutoient , les plus fages n'en adoroient qu'un. Tous les autres dieux n'é- toient pour Platon , Séneque & leurs femblables que les at- tributs de la divinité. Toutes les fables qu'on en débitoit , tout le merveilleux dont on les char- geoit , tout le culte qu'on leur rendoit , les philofophes fça- voient ce qu'il falloit en pen- fer. Lorfque Socrate immoloit un coq à Efculape , (qu'importe

quel nom) il facrifioit au principe unique , à l'auteur de la
fanté, comme de tous les biens.
Mais le peuple , mais la religion publique prenoit les chofes à la lettre ; & c'eft la religion publique qui fait ici notre objet. Et je dis, 1°. que les
Romains en adoptant la religion
grècque voulurent des dieux
plus refpectables.

Quels furent les dieux de la
Grèce ? C'eft dans Homère ,
c'eft dans Héfiode qu'il faut les
chercher : les Grecs n'avoient
alors que des poëtes pour hiftoriens & pour théologiens. Homère n'imagina pas les dieux ,
il les prit tels qu'il les trouva
pour les mettre en action : l'i-
liade en fut le théâtre auffi-
bien que l'odyffée. Héfiode (fi

la théogonie eſt de lui) ſans donner aux dieux autant d'action, en trace la génealogie d'un ſtyle ſimple & hiſtorique. Voilà les anciennes archives de la théologie grècque, & voici les dieux qu'elles nous montrent. Des dieux corporels, des dieux foibles, des dieux vicieux, les autres inutiles.

Romulus en adopta une partie pour Rome, mais en rejettant les fables qui les deshonoroient (n), la corporalité en étoit une. Les dieux d'Homère & d'Heſiode, ſans excepter les douze grands dieux que la Grèce portoit en pompe dans ſes fêtes ſolemnelles, naquirent comme les hommes naiſſent : Apollon

____

(n) Dionyſ. Hal. lib. 2. p. 90.

A vj

de Jupiter, Jupiter de Saturne, & Saturne avoit Cœlus pour pere. Rome les adoroit sans demander comment ils avoient pris naissance. Elle ne connoissoit ni la fécondité des déesses, ni l'enfance, ni l'adolescence, ni la maturité des dieux : elle n'imaginoit pas ces pieds argentés de Thétis, ces cheveux dorés d'Apollon, ces bras de Junon blancs comme la neige, ces beaux yeux de Venus, ces festins, ce sommeil dans l'Olympe. Les Grecs vouloient tout peindre, les Romains se contentoient d'entrevoir dans un nuage respectable. Cotta prouve fort bien contre l'épicurien Velleïus, que les dieux ne peuvent avoir de figure sensible (o) ; & quand

____

(o) Cic. lib. 1. de nat. deor. pag. 1176.

il difoit cela, il expofoit les fentimens de Rome dès fa naiffance.

Romulus vantoit la puiffance & la bonté des dieux, non leur figure ou leur fenfations, il ne fouffroit pas qu'on leur attribuât rien, qui ne fut conforme à l'excellence de leur être (*p*). Numa eut le même foin d'écarter de la nature divine toute idée de corps : Gardez - vous, dit-il, d'imaginer que les dieux puiffent avoir la forme d'un homme ou d'une bête, ils font invifibles, incorruptibles, & ne peuvent s'appercevoir que par l'efprit (*q*). Auffi pendant les

---

(*p*) Dionyf. Hal. lib. 2. pag. 90.
(*q*) Plutarch. in Numa pag. 65. *édition de Paris, 1624.*

cent soixante premiéres années de Rome on ne vit ni statues, ni images, dans les temples (*r*), le *palladium* même n'étoit pas exposé aux regards publics.

La religion grècque, après avoir mis les dieux dans des corps, poussa encore l'erreur plus loin, & de purs hommes elle en fit des dieux (*s*). Les Romains penférent-ils de même? Eft-il permis de hazarder des conjectures? S'ils l'avoient penfé, n'auroient-ils pas divinifé Numa, Brutus, Camille & Scipion, ces hommes qui avoient tant reffemblé aux dieux? Les autels qu'ils confacrérent à Romulus furent élevés immédiatement après fa

______

(*r*) Ibid.

(*s*) Jam vero in Græcia multos habent ex hominibus deos. *Cic. lib.* 3. *de nat. deor.*

mort , c'est-à-dire , dans un tems où la religion encore au berceau n'avoit pas fixé ses principes. Cet exemple qui ne fut plus renouvellé , ne décèle-t-il point un zèle inconsidéré dont ils reconnurent l'abus ? Mais , dira-t-on , ils mirent au rang de leurs dieux Castor , Pollux , Esculape , Hercule , ces héros que la Grèce avoit divinisés , & qui avoient été hommes aux yeux de tout le monde. Ils pouvoient fort bien les croire de même nature que Jupiter. Ce ne fut qu'après les guerres puniques qu'ils lurent les livres grecs, & dans les livres grecs l'histoire des dieux.)t). On se dé-

______

(t) *Et post punica bella quietus ,*
quærere cœpit
Quid Sophocles & Thespis, &
Æschylus utile ferrent.
Horat, lib. 2. epist. XI. v. 161.

fabufa , & vraifemblablement
les héros qu'on adoroit ne furent plus regardés que comme
les amis des dieux; ou s'ils con-
tinuérenr à jouir des honneurs
divins , ce n'étoit plus les mêmes dieux, quoiqu'ils confervaf-
fent les mêmes noms. Le Bacchus fils de Sémélé que la Gréce
adoroit , n'étoit pas celui que
les Romains avoient confacré ,
& qui n'avoit point de mère (*u*).
Virgile nous montre dans l'é-
lyfée tous les héros de Rome ,
il n'en fait pas des dieux. Homère voit les chofes autrement,
l'ame d'Hercule ne s'y trouve
pas , mais feulement fon fi-
mulacre ; car pour lui il eft
affis à la table des dieux , il eft

(*u*) Cic, lib. 2, de nat. deor.

devenu dieu (*x*). Les publicains de Rome lui auroient difputé fa divinité, comme ils la difputérent àTrophonius & à Amphiraraüs : Ils ne font pas dieux, dirent-ils, puifqu'ils ont été hommes, & nous leverons le tribut fur les terres qu'il vous a plû de leur confacrer comme à des dieux (*y*). Objectera-t-on l'apothéofe des empereurs romains ? Ce ne fut jamais qu'une baffe flatterie que l'efclavage avoit introduite. Domitien dieu ! & Caton feroit refté homme ! les Romains n'étoient pas fi dupes. Ils vouloient des dieux de

---

(*x*) Odyff. lib. II. pag. 167.

(*y*) Negabant immortales effe ullos qui aliquando homines fuiffent.

Cic. lib. 3. de nat. deor.

nature vraiment divine , des dieux dégagés de la matière.

Ils les vouloient aussi sans foiblesse. Les Grecs disoient que Mars avoit gémi treize mois dans les fers d'Otus & d'E-phialte (z) , que Vénus avoit été blessée par Diomède (a) , Junon par Hercule (b) , que Ju-piter lui - même avoit tremblé sous la fureur des géans. La re-ligion romaine ne citoit ni guer-res , ni blessures , ni chaînes , ni esclavage pour les dieux (c). Aristophane à Rome n'auroit pas osé mettre sur la scene Mer-cure cherchant condition parmi les hommes , portier , cabare-

____

(z) Iliad. lib. 5. pag. 87. (a) Ibid.
(b) Ibid.
(c) Dionys. Hal. lib. 2. pag. 90.

tier, homme d'affaires, inten-
dant des jeux, pour se souſtraire
à la miſére (d). Il n'y auroit pas
mis cette ambaſſade ridicule, où
les dieux députent Hercule vers
les oiſeaux pour un traité d'ac-
commodement , la ſale d'au-
dience eſt une cuiſine bien four-
nie, où l'ambaſſadeur demande
à établir ſa demeure (e). Les Romains ne vouloient pas rire aux
dépens de leurs dieux : ſi Plaute
les fit rire dans ſon amphytrion,
c'étoit une fable étrangére qu'il
leur préſentoit, fable qu'on ne
croyoit point à Rome , mais
qu'Athènes adoptoit lorſqu'Euripide & Archippus l'avoient
traitée. Le Jupiter grec & le
Jupiter romain, quoiqu'ils por-

______

(d) *Plutus.* (e) *Les oiſeaux.*

taſſent le même nom, ne ſe reſ-
ſembloient guère: les dieux grecs
étoient devenus pour Rome
des dieux de théâtre , parce
que la crainte , l'eſpérance ,
les ſuccès , les revers les ren-
doient tout propres aux intri-
gues. Rome croyoit ſes dieux
au deſſus de la crainte , de la
miſére & de la foibleſſe, ſuivant la
doctrine de Numa (f). Elle ne
connoiſſoit que des dieux forts.

Mais ſi elle rejettoit les dieux
foibles , à plus forte raiſon les
dieux vicieux. On n'entendoit
pas dire à Rome, comme dans
la Grèce, que Cœlus eût été mu-
tilé par ſes enfans, que Saturne
dévoroit les ſiens dans la crainte
d'être détrôné , que Jupiter te-

(f) Plutarch. in Numa pag. 65.

noit son père enfermé dans le Tartare (g). Ce Jupiter grec, comme le plus grand des dieux, étoit aussi le plus vicieux : il s'étoit transformé en cygne, en taureau, en pluye d'or pour séduire des femmes mortelles ; parmi les autres divinités pas une qui ne se fût signalée par la licence, la jalousie, le parjure, la cruauté, la violence. Si Homère, si Héfiode eussent chanté à Rome les forfaits des dieux, en admirant leur génie on les auroit peut-être lapidés. Pythagore sous le regne de Servius Tullius crioit à toute l'Italie, qu'il les avoit vûs tourmentés dans les enfers, pour toutes les fauffetés qu'ils avoient

____

(g) Dionyf. Hal. lib. 2. pag. 90.

mifes fur le compte des dieux.
On prenoit alors la religion bien
férieufement à Rome. Les ef-
prits étoient fimples, les mœurs
étoient pures , on fe fouve-
noit des inftitutions de Romulus , qui avoit accoutumé les citoyens à bien penfer , à bien
parler des immortels, à ne leur
prêter aucune inclination indi-
gne d'eux (h). On n'avoit pas
oublié les maximes de Numa ,
dont la premiére étoit le refpect pour les dieux. On refufe
le refpect à ce qu'on méprife.
On feroit tenté de croire qu'on
ceffa de bien penfer des dieux ,
lorfque les lettres ayant paffé
en Italie, les Poëtes mirent en
œuvre la théologie grècque. Elle

____

(h) Ibid.

n'étoit pour eux & pour les romains qu'un tiſſu de fables pour orner la poëſie. Ovide n'en impoſa à perſonne par ſes métamorphoſes. Horace & Virgile en habillant les dieux à la grecque ne détruiſirent pas les anciennes traditions. La théologie romaine ſubſiſtoit dans ſon entier. Denys d'Halicarnaſſe qui étoit témoin du fait, dit qu'il la préféroit à la théologie grecque, parce que celle-ci répandoit parmi le peuple le mépris des dieux, & l'imitation des crimes dont ils étoient coupables (i). Rome vouloit des dieux ſages.

Elle deſtinoit auſſi ſon encens aux dieux utiles. Les douze

____

(i) Dionyſ. Hal. lib. 2. pag. 91.

grands dieux & quelques divinités subalternes qu'elle avoit reçûes de la Gréce avoient leur
utilité. Mars pour la guerre,
Vénus pour la multiplication,
Cérès pour les bleds, & Minerve pour la sagesse, Jupiter
pour présider à tout. Mais les
grecs étoient grandsdécorateurs.
A quoi servoient ces Drya-
des, ces Nayades, ces Nym-
phes de toute espéce, ces Syl-
vains, ces Tritons, ces trois
mille fils & ces trois mille filles
de l'Océan & de Thétis, qu'He-
siode appelle la brillante posté-
rité des dieux (l), si ce n'é-
toit à orner la cour des dieux
supérieurs. Etoit-il fort nécef-
faire de diviniser les Heures pour

____

(l) In theogoniâ.

ouvrir

ouvrir les portes du ciel, & Hébé pour verser le nectar à Jupiter? Toutes ces divinités de décoration n'eurent jamais d'autels à Rome.

Rome se fit des dieux aussi-bien que la Grèce : Mais des dieux utiles. Palès fut invoquée pour les troupeaux, Vertumne & Pomone pour les fruits, les dieux Lares pour les maisons, le dieu Terme pour les bornes des possessions. L'Hébé grècque devint la déesse tutélaire de la jeunesse. Si les dieux Nuptiaux dans les mariages, les Nixii dans les accouchemens, la déesse Horta dans les actions honnê-tes, Strenua dans les actions de force; si ces divinités & tant d'autres inconnues aux grecs partagérent l'encens des romains ; ce fut à titre d'utilité (*m*). Il semble que dès les premiers tems les romains se conduisirent par cette maxime de Ciceron (*n*) : Qu'il est de la nature des dieux de faire du bien aux hommes.

C'est sur ce principe qu'ils divinisèrent la concorde, la paix, le salut, la liberté : les vertus ne furent pas oubliées, la prudence, la piété, le courage, la foi, autant d'êtres moraux qui furent personifiés, autant de temples ; & Ciceron trouve cela fort bien, parce qu'il faut, dit-il,

_____

(*m*) Utilitatum igitur magnitudine constituti sunt ii dii qui utilitates quasque gignebant. *Cic. lib. 2. de nat. deor.*

(*n*) Sit igitur hoc à principio persuasum civibus, deos optimè de genere hominum mereri. *Idem lib. 2. de legibus.*

que les hommes regardent les vertus comme des divinités qui habitent dans leurs ames (*o*). Les grecs furent plus sobres dans cet ordre de divinités. Pausanias ne fait mention que d'un temple qu'ils élevérent à la miséricorde (*p*), eux qui dressérent des autels à l'outrage & à l'impudence, après avoir expié le crime de Cylon, ce que Ciceron blâme fort en disant, qu'on doit consacrer les vertus, non les vices. Mais on est peut-être

---

(*o*) Bene vero quod mens, pietas, virtus, fides consecratur quarum omnium Romæ dedicata publicè templa sunt, ut illa qui habeant deos ipsos in animis suis collocatos putent. *Ibid.* 1251.

(*p*) Nam illud vitiosum Athenis quod Cylonio scelere expiato .... fecerunt contumeliæ fanum & impudentiæ, virtutes enim non vitia consecrare decet. *Ibid.*

B ij

ſurpris de voir les romains ſa-
crifier à la Peur, à la Fiévre, à
la Tempête, aux dieux des enfers ; ils ne s'écartoient pourtant pas de leur ſyſtême : ils
invoquoient ces divinités nuiſi-
bles pour les empêcher de nuire.
On ne finiroit pas, ſi on vouloit faire le dénombrement de
tous les dieux que Rome aſſo-
cia aux dieux de la Grèce,
jamais aucune ville grècque ou
barbare n'en eût tant (*q*). La
Quartille de Pétrone s'en plai-
gnoit en diſant, qu'on y trou-
voit plus facilement un dieu
qu'un homme. La capitale du
monde ſe regardoit comme le
ſanctuaire de tous les dieux.
Mais malgré ce polythéiſme ſi
exceſſif, on lui doit cette juſtice,

____

(*q*) Dionyſ. Hal. lib. 2. pag. 124.

qu'elle écarta de la nature divine l'inutilité, le vice, la foibleſſe, la corporalité. Des dieux
utiles, des dieux ſages, des dieux
forts, des dieux dégagés de la
matière furent des dieux plus
reſpectables. Rome ne s'en tint
pas-là: les dogmes qu'elle adopta
furent plus ſenſés.

SECONDE PARTIE.

Dans toute religion les dogmes vraiment intèreſſans ſont
ceux qui tiennent aux mœurs, au
bonheur ou au malheur. L'homme eſt-il libre ſous l'action des
dieux ? Sera-t-il heureux en
quittant cette terre, & s'il eſt
malheureux, le ſera-t-il éternellement ? Voilà les queſtions
qui ont agité les hommes dans
tous les tems, & qui les in-

quiéteront toujours s'ils n'ont recours à la vraie religion. Les grecs étoient fatalistes, fatalistes de la plus mauvaise espèce ; car selon eux les dieux enchaînoient les événemens : ce n'est pas tout, ils pouſſoient les hommes au crime : écoutons Homère, il a beau nous dire au commencement de l'odyſſée, que les amis d'Ulyſſe doivent leur perte à leur propre folie, on lit cent autres endroits où le fataliſme ſe déclare ouvertement. C'eſt Venus qui allume dans le cœur de Pâris & d'Helene ce feu criminel qui fait tant de ravages, le bon Priam conſole Hélene en imputant tout aux dieux)r). Ce ſont des dieux ennemis qui ſément la haine

____

(r) Iliad. lib. 3. pag. 54.

& la difcorde entre Achille & Agamemnon (*s*) , le fage Neftor n'en doute pas. C'eft Minerve qui de concert avec Junon dirige la fléche perfide de Pandarus, pour rompre une trève folemnellement jurée (*t*). C'eft Jupiter qui après la prife de Troye conduit la hache de Clytemneftre fur la tête d'Agamemnon (*u*). On ne fçauroit tout dire. Qu'on ouvre le poëme des romains : Virgile ne met pas fur le compte des dieux le crime de Pâris : Hélene aux yeux d'Enée n'eft qu'une femme coupable qui mérite la mort (*x*).

(*s*) Iliad. lib. 1. pag. 13.
(*t*) Ibid. lib. 4. pag. 65.
(*u*) Odyff. lib. 24. pag. 329.
(*x*) Extinxiffe nefas tamen & fumpfiffe merentis
Laudabor pœnas. *Æneid. lib.* 2.

B iiij

Les fameux criminels que le héros troyen contemple dans le Tartare, l'impie Salmonée, l'audacieux Tytie, l'insolent Ixion, le cruel Tantale n'ont rien à reprocher aux dieux : Rhadamante les oblige à confesser eux-mêmes leurs forfaits (y). Ce n'étoit pas-là le langage de Phédre, d'Atrée, d'Oreste, d'Œdipe sur le théâtre d'Athenes : on n'y entendoit qu'emportemens contre les dieux auteurs des crimes. Si la scéne romaine a copié ces blasphêmes, il ne faut pas les prendre pour les sentimens de Rome. Seneque & les autres tragiques faisoient précisément ce que nous faisons

____

(y) Castigat audit que dolos subigit que fateri.   Æneid. lib. 6.

aujourd'hui. Phédre , Œdipe
se plaignent aussi des dieux sur
notre théâtre , & nous ne som-
mes pas fatalistes. Mais ceux
qui nous ont donné le ton , &
aux romains avant nous , les
grecs parloient le langage de
leur religion. La religion romaine proposoit en tout l'in-
tervention des dieux , mais en
tout ce qui étoit bon & hon-
nête. Les dieux ne forçoient
pas le lâche à être brave , &
encore moins le brave à être
lâche : c'est le précis de la ha-
rangue du dictateur Posthumius,
sur le point de livrer bataille
aux Tarquins : Les dieux , dit-il,
nous doivent leur secours, parce
que nous combattons pour la
justice , mais sçachez qu'ils ne
tendent la main qu'à ceux qui

B v

combattent vaillamment, & jamais aux lâches (z). Le dogme de la fatalité ne paſſa d'Athenes à Rome qu'au tems de Scipion l'africain, Panœtius l'apporta de l'école ſtoïcienne : mais ce ne fut qu'une opinion philoſophique, adoptée par les uns, combattue par les autres, ſurtout par Ciceron dans ſon livre *de fato*. La religion ne l'enſeigna point, & ceux qui l'embraſſérent ne s'en ſervirent jamais pour enchaîner la volonté de l'homme. Epictéte aſſurément ne croyoit pas que des dieux euſſent forcé Néron à faire éventrer ſa mère.

Il eſt étonnant que la religion grècque ayant attribué aux

(z) Dionyſ. Hal. lib. 6. pag. 345.

dieux la méchanceté des hommes, ait creusé le Tartare pour y punir des vicieux sans crime. Il l'est peut-être encore plus, qu'elle les ait condamnés à des tourmens éternels. Tantale mourra toujours de soif au milieu des eaux, Sisyphe roulera éternellement son rocher, jamais les vautours n'abandonneront les entrailles de Tytie (a). Ces profonds & ténébreux abymes, ces cavernes afreuses de fer & d'airain dont Jupiter menace les dieux mêmes (b), ne rendent pas leurs victimes. L'enfer des romains laisse échapper les siennes : il ne retient que les scélérats du premier ordre, un Sal-

(a) Odyff. lib. II. pag. 167.
(b) Iliad. lib. 8. pag. 130.

B vj

monée, un Ixion, qui se sont abandonnés à des crimes énormes : lorsqu'Enée y descend, il en apprend les secrets. Toutes les ames, lui dit Anchise, ont contracté des souillures par leur commerce avec la matière, il faut les purifier ; les unes suspendues au grand air sont le jouet des vents, les autres plongées dans un lac expient leurs fautes par l'eau, celles-là par le feu, ensuite on nous envoye dans l'Elysée (c). Il en est qui

____

(c) Ergo exercentur pœnis, veterum que malorum
Supplicia expendunt, aliæ panduntur inanes
Suspensæ ad ventos, aliis sub gurgite vasto
Infectum eluitur scelus, aut exuritur igni
. . . . . Exinde per amplum
Mittimur elysium.
Æneid. lib. 6. v. 739.

retournent fur la terre en prenant d'autres corps (*d*). Enée
qui ne connoît que les dogmes grecs, s'écrie : O mon pere !
eft-il poffible que des ames for-
tent d'ici pour revoir le jour (*e*) ?
Voyez , reprend Anchife , ce
guerrier dont le cafque eft orné
d'une double aigrette , c'eft Romulus , voilà Numa , contem-
plez Brutus , Camille , Scipion , Céfar , tous ces héros re-
paroîtront effectivement à la lu-
mière , pour porter la gloire de
notre nom & celle de Rome
aux extrémités de la terre.

(*d*)　　　Animæ quibus altera fato
Corpora debentur.
Æneid. lib. 6. v. 713.
(*e*) O pater ! an ne aliquas ad cœlum hinc
ire putandum eft
Sublimes animas.　　*Ibid. v.* 719.

On apperçoit deux dogmes dans cette doctrine des enfers, la fin des supplices, du moins pour le grand nombre & la métempsycose. Etoit-ce Pythagore qui les avoit donnés à Rome ? Il assuroit qu'il étoit descendu lui-même aux enfers, & on juroit sur sa parole : J'y ai vû des juges, disoit-il, qui tourmentent les ames pour les purifier, comme les médecins font des incisions pour guérir les corps, & lorsque le vice sera chassé la punition cessera (f). On ne sçait même si sous les empereurs les romains croyoient encore aux enfers. Juvenal prétend qu'il n'y avoit plus que les enfans qui s'en laissassent

____

(f) Hierocl. comment. in aurea carmina.

épouvanter (*g*). Quant à la métempsycose Pythagore se citoit pour exemple : il avoit été Æthalide, Euphorbe, Hermotime, pêcheur à Délos avant que d'être Pythagore. Un homme dont la sagesse faisoit tant de bruit, un homme qu'on a crû le conseil & le maître de Numa, quoiqu'il n'en fût pas même le contemporain, un homme qui alloit toujours parlant des dieux sur un ton sublime, & qui avoit autant de science que d'enthousiasme, étoit tout propre à faire passer dans l'esprit des

---

(*g*) Esse aliquos manes & subterranea regna
Et contum, & Stygio ranas in gurgite nigras
Nec pueri credunt, nisi qui nondum ære lavantur. *Sat. 1. v. 107.*

peuples des points de religion, quelques singuliers qu'ils fussent. Les grecs croyoient les dieux trop justes pour jamais pardonner, les romains les jugeoient trop bons pour punir toujours des crimes ordinaires à l'humanité.

L'Elysée des grecs étoit encore plus mal imaginé que le Tartare. Toutes les ames qui viennent aux yeux d'Ulysse (*h*). La sage Anticlée, la belle Tyro, la vertueuse Antiope, l'incomparable Alcmene, toutes ont une contenance triste, toutes pleurent. Le brave Antiloque, le divin Ajax, le grand Agamemnon poussent autant de soupirs qu'ils prononcent de paroles, Achille lui-même ré-

____

(*h*) Odyss. lib. XI, pag. 155.

pand des larmes. Ulysse en est
surpris : Quoi vous le plus ex-
cellent des grecs ! vous que
nous regardions comme égal
aux dieux ! n'avez-vous pas ici
un grand empire ? n'êtes-vous
pas heureux ? que répond il ? J'ai-
merois mieux labourer la terre,
& servir le plus pauvre des vivans, que de commander aux
morts (i). Quel séjour pour la
félicité ! quel Elysée ! qu'il est
différent de ce lieu délicieux, où
le héros troyen trouve son pere
Anchise, & tous ceux qui ont
aimé la vertu, ces jardins agréa-
bles, ces vallons verdoyans,
ces bosquets enchantés, cet air
toujours pur, ce ciel toujours
serain, où l'on voit luire un au-

(i) Odyss. lib. XI. pag. 163.

tre foleil, & d'autres aftres (*l*).
C'eft ainfi que les romains en
corrigeant les dogmes grecs les
rendirent plus fenfés.

TROISIEME PARTIE.

C'eft ainfi encore que le merveilleux qu'ils réformérent, fut
moins fanâtique. Ce goût de
réforme n'a rien de fingulier dans
une religion qui s'établit fur une
autre. Toute religion a fon merveilleux : celui de la Grèce fe
montroit dans les fonges, les
oracles, les augures, & les pro-
diges. Rome connut peu ces
fonges myftérieux qui defcen-
doient du trône de Jupiter pour
éclairer les mortels (*m*). Romulus n'eut pas comme Agamemnon (*n*) livré un combat

____

(*l*) Æneid. lib. 6. v. 638.
(*m*) Iliad. lib. 1. pag. 5.
(*n*) Ibid. lib. 2. pag. 27.

sur la foi d'un songe. On n'auroit pas compté à Rome sur la
mort du tyran de Phérès, parce
qu'Eudème l'avoit rêvé (o). Et
le sénat n'auroit pas fait ce que
fit l'Aréopage, lorsque Sophocle
vint dire qu'il avoit vû en songe
le voleur qui avoit enlevé la
coupe d'or dans le temple d'Hercule : l'accusé fut arrêté sur le
champ , & appliqué à la question (p). Dans la Grèce on
se préparoit aux songes par des
priéres & des sacrifices , après
quoi on s'endormoit sur les
peaux des victimes pour les re-
cevoir. C'est de-là que le temple de Podalirius tira sa célé-
brité , aussi-bien que celui d'Am-

____

(o) Cicer. lib. 1. de divinat. pag. 1210.
(p) Ibid.

phiaraüs, ce grand interprète des
fonges, à qui on déféra les honneurs divins (*q*). Ces temples,
ces victimes, ces miniftres pour
les fonges marquoient un point
de religion bien décidé. Rome
n'avoit pour eux aucun appa-
reil de religion. Ce bois facré
dont parle Virgile (*r*), où le roi
Latinus alla rêver myftérieufe-
ment, en fe couchant à côté
du prêtre, n'avoit plus de réputation lorfque Rome fut bâ-
tie. Si quelques fonges y firent
du bruit, & produifirent des événemens, on n'avoit pas été les
chercher dans les temples, ils
étoient venus d'eux-mêmes ac-
compagnés de quelque circon-

____

(*q*) Paufan. Attic. 1. pag. 33.
(*r*) Æneid. 7. v. 85.

stance frappante , sans quoi on
n'en auroit pas tenu compte. Ce
cultivateur qui se fit porter mou-
rant au sénat , en annonçant de
la part de Jupiter qu'il falloit
recommencer les jeux , n'auroit remporté que du mépris ,
s'il n'eût recouvré subitement
la santé , en racontant sa vi-
sion (s). En un mot, les romains ne donnoient dans les
songes que comme toute autre
nation qui s'en affecteroit peu ,
qui ne nieroit pas absolument ,
mais qui ne croiroit que rarement, & toujours avec crainte
de tomber dans le faux , au
lieu que les grecs en faisoient
un merveilleux essentiel à leur
religion , un ressort à leur gou-

____

(s) Cic. lib. 1. de divinat. pag. 1211.

vernement. Ceux qui gouvernoient Sparte couchoient dans
le temple de Pasiphaë pour être
éclairés par les songes (t).

Le fanatisme des oracles fut
encore plus grand dans la Grèce.
Les payens ont reconnu dans
les oracles la voix des dieux,
les chrétiens l'œuvre du démon,
les philosophes & les politiques n'y ont vû que des four-
beries de prêtres, ou tout au
plus des vapeurs de la terre, qui
agitoient une prêtresse sur son
trépié, sans qu'elle en fût plus
sçavante sur l'avenir. Quoi qu'il
en soit, Claros, Delphes, Do-
done, & tant d'autres temples
à oracles, tournoient toutes les
têtes de la Grèce. Peuples,

____

(t) Cic. lib. 1. de divinat. pag. 1215

magiſtrats , généraux d'armée , rois , tous y cherchoient leur ſort & celui de l'état. Ce fanatiſme fut très-petit à Rome. La religion avoit preſque ſa conſiſtence dès le tems de Numa : on ne lit rien dans ſes inſtitutions qui regarde les oracles. Le premier romain qui les conſulta fut Tarquin le Superbe , en envoyant ſes deux fils à Delphes , pour apprendre la cauſe & le reméde d'une maladie terrible qui enlevoit la jeuneſſe (*u*). Voilà bien du tems écoulé depuis Romulus ſans la religion des oracles. Il s'en établit enfin quelques-uns en Italie. Mais leur fortune ne fut pas grande.

On n'avoit pas ces colom-

(*u*) Dionyſ. Hal. lib. 4. pag. 264.

bes fatidiques , ces chênes par-
lans , ces baffins d'airain qui
avoient auffi leur langage , ni
cette Pythie qu'un dieu poffé-
doit , ni ces antres myftérieux
où l'on éprouvoit des entraîne-
mens fubits, des raviffemens, des
communications avec le ciel.
Difons mieux , on n'avoit pas
les têtes grècques. Tant de fa-
natifme & d'enthoufiafme n'é-
toit pas fait pour les imaginations romaines qui étoient plus
froides : ce n'eft pas qu'on ne
fe tournât quelquefois du côté
des oracles. Augufte alla in-
terroger celui de Delphes (x) ,
& Germanicus celui de Claros (y). Mais des oracles fi

(x) Suidas , Cedrenus.
(y) Tacit, lib. z. annal.

éloignés

éloignés & si rarement consul-
tés, ne pouvoient guère établir
leur crédit à Rome, & s'incor-
porer à la religion.

Je dis plus : le peu de succès
des oracles du pays avoit ap-
paremment décrédité les autres.
L'histoire les nomme & se tait
sur leur mérite. Ce silence ne
marque pas une grande vogue.
Ils étoient d'ailleurs en petit
nombre, celui de Pise, celui
du Vatican, celui de Padoue,
c'est presque les avoir tous ci-
tés. On ne s'en seroit pas tenu
à si peu, si on y avoit eu beaucoup de foi. La Grèce en comp-
toit plus de cent, & tous en
grande réputation (z) ils gouvernoient. S'ils gagnérent quel-

____

(z) Pausanias, Gronovius.

C

(50)

qués particuliers à Rome, ils
ne gouvernérent jamais Rome.
Ce n'étoit pas-là sa folie. Elle
la mettoit dans les divinations
Etrusques, & dans les livres Sibyllins.

Ces divinations Etrusques qui
comprenoient les Augures &
les Aruspices se vantoient d'une
source bien merveilleuse. En
Etrurie un enfant nommé Ta-
gès étoit sorti d'un sillon comme
un épi de blé ; le laboureur cria
au miracle, assembla du monde,
on questionna l'enfant qui en-
seigna toute la doctrine de la
divination (*a*). Le tonnerre en-
tendu à l'orient ou à l'occident,
un aigle qui voloit à droite ou
à gauche, des poulets sacrés qui

______

(*a*) Cic. lib. 2. de divinat. pag. 1224.

mangeoient ou ne mangeoient pas, voilà des Augures. Les entrailles des victimes de telle ou telle couleur, dans une situation ou dans une autre, la flamme du bucher qui s'élevoit en pyramide, ou se replioit sur elle-même, voilà des Aruspices. Ces signes & d'autres semblables créoient ou destituoient un préteur, un tribun, un consul, un roi dans le tems des rois, précipitoient ou suspendoient la marche d'une armée. Caton avoit beau être surpris que deux Augures pussent se regarder sans rire (b). La matiére se traitoit bien sérieusement. On ne faisoit rien dans Rome, ou hors de Rome, dit Ciceron, sans

____

(b) Cic. lib. 2. de divinat. pag. 1224.

l'autorité des Augures (c).

La Grèce eut aussi les siens, mais la différence fut sensible entre les uns & les autres. Calchas, Tyrésie, Polydamas étoient pour les grecs des hommes inspirés, qui ne parloient pas quand ils vouloient, mais selon l'impulsion du dieu qui les agitoit. Gracchus, Marcellus, Appius annonçoient les succès ou les malheurs aussi tranquillement que nos astronomes prédisent les éclipses. Voilà pourquoi Ciceron, qui fut lui-même augure, distingue deux sortes de divination (d). L'une est un art qui dévoile l'avenir par les signes, l'autre une fureur divine qui pro-

____

(c) Cic. lib. 2. de legibus.
(d) Cic. lib. 1. de divinat. pag. 1208.

(53)

phétise indépendamment des signes : Les Augures grecs ob-
servoient pourtant les signes :
mais aussi-tôt Apollon ou quelqu'autre dieu favorable venoit
s'emparer d'eux , & les signes
ne jouoient que le second rôle.
C'est ainsi que Calchas annonce
les années de la guerre de Troye,
par le nombre des oiseaux qu'un
serpent dévore ; il étoit plein
de son dieu (e). Les Augures
romains ne se vantoient pas de
la même faveur : ils s'attachoient
aux signes , & ils présageoient
sans émotion. Otez les signes ,
ils ne voyoient plus rien.

Les mêmes signes en Grèce
ne donnoient pas toujours les
mêmes prédictions ; parce que

____

(e) Iliad. lib. 2. pag. 36.

C iij

l'inspiration pouvoit varier. A Rome si les poulets sacrés ne mangeoient pas , c'étoit toujours une raison de tout suspendre : *Ils ne mangent pas , eh bien ! qu'ils boivent* , dit P. Claudius , en les faisant jetter dans la mer, la flote qu'il commandoit fut détruite ; on ne manqua pas d'attribuer son malheur à son impiété , il fut proscrit (*f*).

A Rome il y avoit un collége d'Augures, institué par Romulus , confirmé par Numa , augmenté , révéré par les rois & les consuls ; l'Augurat étoit donc un établissement en régle ; une dignité , un pouvoir qu'on ne pouvoit pas exercer sans être avoué de l'état , au

____

(*f*) Cic. lib. 2. de divinat. pag. 1226.

lieu que dans la Grèce un fanatique, un charlatan s'érigeoit
de lui-même en Augure.

A Rome on se formoit à la
divination : ce fameux Augure
qui prouva sa science à Tarquin
l'Ancien, en coupant une pierre
avec un rasoir, Attius Névius
s'étoit endoctriné sous un maître Etrusque, le plus habile qui
fut alors (g) ; & dans la suite
le sénat envoya des élèves en
Etrurie comme à la source, élèves tirés des premières famil-
les (h). La Grèce n'avoit point
d'école de divination ; elle n'en
avoit pas besoin, parce que l'esprit d'Apollon souffloit où il vouloit. Hélénus qui avoit toute au-

____

(g) Dionys. Hal. lib. 3. pag. 203.
(h) Cic. lib. 2. de divinat. pag. 1226.

tre chose à faire , (il étoit fils d'un grand roi) s'en trouve tout à coup possédé , le voilà Augure (*i*).

A Rome l'Augurat n'étoit destiné qu'aux hommes , parce qu'il demandoit du travail & une étude suivie : dans la Grèce où l'inspiration faisoit tout, les femmes y étoient aussi propres que les hommes , & peut-être encore plus. Le nom de Cassandre est célèbre ; & Ciceron demande pourquoi cette princesse en fureur découvre l'avenir, tandis que Priam son pere , dans la tranquillité de sa raison n'y voit rien (*l*). La divination des grecs

---

(*i*) Æneid. lib. 3. v. 259.
(*l*) Cur Cassandra furens futura prospiciat, Priamus sapiens hoc idem facere nequeat. *Cic. lib.* 1. *de divinat. pag.* 1214.

étoit donc une fureur divine ;
& celle des romains une science
froide , qui avoit ses régles &
ses principes. La fausseté étoit
sans doute égale de part & d'autre : mais je demande de quel
côté le fanatisme se montroit
le plus. Il y a bien de l'apparence que l'enthousiasme augu-
ral des grecs , n'auroit pas mieux
réussi à Rome que les oracles.
Il falloit aux romains , nation so-
lide & sérieuse , un air de sagesse
jusques dans leur folie.

Le tems leur ouvrit une autre source de divination , *les livres Sibyllins.* Ils furent appor-
tés à Tarquin le Superbe (*m*) ,
Pline dit à Tarquin l'Ancien ,
par une vieille mystérieuse qui

____

(*m*) Dionys. Hal. lib. 4. pag. 259.

disparut comme une ombre : on l'a crû Sibylle elle-même. On assemble les Augures, on enferme les livres dans le temple de Jupiter au Capitole, on crée des prêtres pour les garder, on ne doute pas que le destin de Rome n'y soit écrit. Pourquoi tant de chaleur, dira quelqu'un ? N'avoit-on pas les divinations Etrusques pour se conduire ? Denys d'Halicarnasse (*n*) & Ciceron (*o*) répondent à la question : les Augures & les Aruspices paroissoient quelquefois embarrassés : il s'élevoit une sédition, une armée avoit été battue, on voyoit des prodiges difficiles à expliquer ; on avoit

____

(*n*) Dionys. Hal. lib. 4. pag. 259.
(*o*) Cic. lib. 1. de divinat. pag. 1215.

recours aux livres Sibyllins.

Il eſt étonnant que les Sibylles , (s'il y en a pluſieurs)
étant nées dans la Grèce pour
la plûpart , y ayent conſervé ſi
peu de crédit après leur mort.
On oublia bien-tôt leurs pro-
phéties , qui n'eurent plus d'in-
fluence ſur les affaires publiques.
Quatre mots de Ciceron n'é-
clairciroient-ils point ce nuage ?
Nous croyons , dit-il , *aux vers
qu'une Sibylle en fureur a pro-
noncés* (*p*). Cette fureur divine ,
ce trouble myſtérieux frappoit
les yeux des grecs , ils en avoient
beſoin pour croire : la Sibylle
meurt , on ne voit plus le merveilleux : la foi ſe perd : mais
ces Sibylles mortes ſuffiſoient

(*p*) Cic. lib. 2. de divinat. pag. 1230.

aux romains, à qui le fanatiſme n'étoit pas ſi néceſſaire.

Fanatiſme qui éclatoit encore dans les prodiges que la Grèce citoit. Toute religion a les ſiens : les pères ont toujours vû, les enfans ne voyent rien : mais ils ſont perſuadés comme s'ils avoient vû. Les premiers grecs avoient vû les dieux voyager, habiter parmi eux. Tantale les avoit conviés à ſa table : quantité de beautés grècques les avoient reçus dans leur lit. Laomédon s'étoit ſervi une année entière de Neptune & d'Apollon pour bâtir les murs de Troye. Toute la Grèce ſous le regne d'Erecthée, avoit pû voir Cerès cherchant ſa fille Proſerpine, & enſeignant aux hommes l'agriculture. Jamais les romains n'a-

voient eu les yeux ſi perçans :
ils diſoient que les dieux réſi-
doient toujours dans l'Olympe,
& que de-là ils gouvernoient
le monde ſans ſe faire voir : Eſ-
pérons-nous , dit Ciceron , de
rencontrer les dieux dans les
rues , dans les places publiques,
dans nos maiſons ? S'ils ne ſe
montrent pas, ils répandent par-
tout leur puiſſance (q). Les pon-
tifes n'avoient écrit qu'un petit
nombre d'apparitions momen-
tanées , comme celle qui étonna
Poſthumius dans le combat où
il défit les Tarquins , cette au-

____

(q) Quid igitur expectamus ? an dum in
foro nobiſcum dii immortales , dum in viis
verſentur , dum domi , qui quidem ipſi
ſe nobis non offerunt , vim autem ſuam
longè latè que diffundunt. *Cic. lib.* r. *de di-*
vinat.

tre qui frappa Vatienus dans la voie Salarienne, & celle de Sagra dans le combat des Locriens (r). Ceux qui les croyoient les jugeoient très-rares, au lieu que la Grèce étoit semée de monumens qui attestoient le commerce fréquent, long & visible des immortels avec les hommes (s). Les yeux d'une nation voyent beaucoup moins, quand les imaginations ne s'échauffent pas : celles des grecs s'enflammèrent encore sur les merveilles que les dieux opérèrent par les héros. Deucalion après un déluge jetta des pierres derrière lui, & ces pierres se changèrent en hommes pour

---

(r) Cic. lib. 3. de nat. deor. pag. 1194.
(s) Pausan. in Arcadicis pag. 605.

repeupler la Grèce. Hercule sé-
para deux montagnes pour ouvrir un paſſage à l'Océan. Cad-
mus tua un dragon dont les
dents ſemées dans la terre pro-
duiſirent une moiſſon de ſoldats :
grand combat entre eux, il n'en
reſta que cinq, de qui les Spar-
tiates ſe vantoient de deſcen-
dre. Atlas avoit ſoutenu le ciel,
un peuple impie fut changé en
grenouilles , un autre en ro-
chers. Les faſtes de la religion
romaine , au lieu de ces ſu-
blimes extravagances, nous pré-
ſentent des voix formées dans
les airs , des colomnes de feu
qui s'arrêtent ſur des légions ,
des fleuves qui remontent à leur
ſource, des ſimulacres qui ſuent,
d'autres qui parlent , des ſpe-
ctres ambulans , des pluies de

lait, de pierres & de fang (*t*); c'eſt ainſi que les dieux annon-çoient aux romains leur prote-ction ou leur colère. Ces pro-diges quoiqu'atteſtés par les hi-ſtoires, confirmés par les tra-ditions, conſacrés par les mo-numens, enſeignés par les pon-tifes, ſont ſans doute auſſi faux que les monſtrueuſes rêveries des grecs ; mais il ne falloit pas tant de fanatiſme pour les croire. Concluons qu'en tout le mer-veilleux de la religion romaine fut moins fanatique. Il reſte une dernière choſe à prouver.

QUATRIEME PARTIE.

Son culte fut plus ſage. Il

____

(*t*) Cic. lib. 1. de divinat. pag. 121.

confiftoit comme dans la Grèce
en fêtes , en jeux & en facrifices. Les fêtes grècques por-
toient une empreinte d'extravagance , qui ne convenoit pas
à la fageffe romaine. Ce n'é-
toit pas feulement dans les fom-
bres retraites des oracles , c'é-
toit au grand jour , au milieu
des proceffions publiques, qu'on
voyoit des enthoufiaftes , dont le
regard farouche , les yeux étin-
celans , le vifage enflammé , les
cheveux hériffés , la bouche écu-
mante paffoient pour des preuves
certaines de l'efprit divin qui les
agitoit ; & ce dieu ne manquoit
pas de parler par leur bouche.
On y voyoit de furieux Cory-
bantes, qui au bruit des tambours
& des tymbales , danfant , tour-
nant rapidement fur eux-mêmes,

se faisoient de cruelles plaies pour honorer la mère des dieux. On y entendoit des gémissemens, des lamentations, des cris lugubres, c'étoit des femmes désolées qui pleuroient l'enlevement de Proserpine ou la mort d'Adonis.

La licence l'emportoit encore sur l'extravagance. Qu'on se représente des hommes couverts de peaux de bêtes, un thyrse à la main, couronnés de pampres, échauffés par le vin, courant jour & nuit les villes, les montagnes & les forêts avec des femmes déguisées de même, & encore plus forcenées: mille voix qui appelloient Bacchus, qu'on vouloit rendre propice par la débauche & la corruption. Croirat-on qu'au milieu de cette pom-

pe impure on expofoit à fa véné-
ration publique des objets qu'on
ne fçauroit trop voiler , ces phal-
les monftrueux qu'ailleurs le li-
bertinage n'auroit pas regardé
fans rougir (*u*). Et Vénus ? comment l'honoroit-on ? Amathon-
te , Cythère , Paphos , Gnide ,
Idalie noms célèbres par l'obf-
cénité : c'eft-là que les filles
& les femmes mariées fe pro-
ftituoient publiquement à la face
des autels. Celle qui eût con-
fervé un refte de pudeur auroit mal honoré la déeffe (*x*).

On célébroit à Rome les mêmes fêtes : mais Denys d'Halicarnaffe qui avoit vû les unes &
les autres , nous affure que dans

____

(*u*) Diodor. Sicul. lib. 1.
(*x*) Banier. tom. 2. pag. 165.

les fêtes romaines , quoique les
mœurs fussent déja corrompues,
il n'y avoit ni lamentations de
femme , ni enthousiasme , ni
fureurs corybantiques , ni pro-
stitutions , ni bacchanales (*y*).
Ces bacchanales s'étoient pourtant glissées à Rome sous le voile
du secret & de la nuit : mais le
sénat les bannit de la ville &
de toute l'Italie (*z*). Le discours du consul dans l'assem-
blée du peuple est remarqua-
ble : Vos pères vous ont appris,
dit-il , à prier , à honorer des
dieux sages , non des dieux qui
ensorcèlent les esprits par des
superstitions étrangères & abo-

(*y*) Dionyf. Hal. lib. 2. pag. 90.
(*z*) Senatus consulto cautum est ne quæ
Bacchanalia Romæ, neve in Italia essent.
Livius lib. 39. pag. 14.

minables , non des dieux qui avec le fouet des furies poussent leurs adorateurs à toutes sortes d'excès (*a*). On vouloit que le culte portât un caractère de décence & d'honnêteté, contre la coutume des grecs & des barbares (*b*). S'il falloit se relâcher en faveur des étrangers, on le faisoit avec précaution, on leur permettoit d'honorer Cybèle avec les cérémonies phrygiennes : mais il étoit défendu aux romains de s'y mêler , & lorsque Rome célébroit cette fête,

---

(*a*) Hos esse deos quos colere , venerari precari que majores vestri instituissent, non illos qui pravis & externis religionibus captas mentes velut furialibus stimulis ad omne scelus , & ad omnem libidinem agerent. *Livius lib.* 39. *pag* 14.

(*b*) Dionys. Hal. lib. 2. pag. 91.

elle en écartoit toutes les in-
décences & les vaines fuper-
ftitions (c). Elle réprouvoit éga-
lement ces affemblées clande-
ftines, ces veilles nocturnes des
deux fexes, fi ufitées dans les
temples de la Grèce (d). Si elle
autorifa les myftères fecrets de
la bonne déeffe, les matrones
qui les célébroient n'y fouf-
froient les regards d'aucun homme : l'attentat de Clodius fit
horreur : Ces myftères fi anciens, dit Cicéron (e), qui fe
célèbrent par des mains pures,
pour la profpérité du peuple romain, ces myftères confacrés
à une déeffe, dont les hommes

____

(c) Dionyf. Hal. lib. 2. pag. 91.
(d) Ibid.
(e) De Harufpicum refponfis pag. 499.

ne doivent pas même ſçavoir
le nom , ces myſtères, enfin
dont l'impudence la plus ou-
trée n'oſa jamais approcher ,
Clodius les a violés par ſa pré-
ſence.. S'ils devinrent ſuſpects
dans la ſuite , ils ne l'étoient pas
alors , & encore moins dans leur
inſtitution. De tout cela il réſulte
que les fêtes romaines étoient
plus ſages que les fêtes grècques.

Les jeux entroient dans les fêtes , ils tenoient à la religion ,
tels furent dans la Grèce les
jeux Olympiques , les Pithi-
ques , les Iſthimiques , les Né-
méens ; & à Rome les Capi-
tolins, les Mégalenſes , les Apol-
linaires, & nombre d'autres tous
dédiés à quelque divinité : ce
n'étoit donc pas des jeux de pur
amuſement. La lute , le pugi-

lat , le pancrace , la course à
pied , tout cela se faisoit pour
honorer les dieux , & pour le
salut du peuple : ce fut une
partie du culte : mais il paroît
un dessein formé chez les grecs
de profaner le culte ? Leurs athlétes combattoient , couroient
nuds. Qu'on ne m'objecte pas
la lute décente d'Ajax & d'U-
lysse aux funérailles de Patro-
cle (*f*). La loi de la nudité
ne fut établie que dans la quin-
ziéme olympiade (*g*). Les femmes étoient-elles admises à ces
spectacles indécens ? Pausanias
dit oui (*h*) , & non (*i*). L'affir-
mative a plus de vraisemblance;

____

(*f*) Iliad. lib. 23. pag. 407.
(*g*) Dionys. Hal. lib. 7. pag. 475.
(*h*) Lib. 6. pag. 362.
(*i*) Lib. 5. pag. 297.

car

car entrant dans le détail , (ce qu'il fait quand il affirme) il ajoute que la prêtreſſe de Cerès y avoit une place honorable , & que l'entrée n'en étoit pas même interdite aux vierges. Quelle apparence en effet qu'on eût voulu exclure une moitié de la nation, de ces jeux ſi publics & approuvés par les dieux ? Ce que la religion conſacre eſt ordinairement commun à tous, & paroît toujours bien. Quoi qu'il en ſoit, les femmes à Rome pouvoient regarder les athlétes, ſans que leur vertu en fut allarmée, ils étoient couverts où la pudeur l'exigeoit (l). Pudeur qui réforma encore les Lupercales, qu'on célébroit à l'honneur du dieu Pan. Evandre les avoit apportées de la Grèce avec

---

(l) Dionyſ. Hal. lib. 7. pag. 474.

D

toute leur indécence: des bergers nuds couroient lascivement çà & là , en frappant les spectateurs de leurs fouets (*m*). Romulus habilla ses Luperques, les peaux des victimes immolées leur formoient des ceintures (*n*).

Rome , il faut l'avouer , ne fut pas si sage dans les jeux Floraux. On y voyoit des femmes nues, dont les attitudes étoient aussi lascives que les hymnes qu'elles chantoient (*o*). Culte

---

(*m*) Livius lib. 1. 5. Evandrum qui ex eo genere Arcadum multis ante tempestatibus ea tenuerat loca , solemne allatum ex Arcadia , instituisse ut nudi juvenes Lycæum Pana venerantes per lusum atque lasciviam currerent.

(*n*) Lupercalium mos à Romulo & Remo inchoatus est..... cincti pellibus immolatarum hostiarum jocantes obviam petiverunt. *Valer. Max. XI. 2. 9.*

& Dionys. Hal. lib. 1. pag. 67.

(*o*) Celebrabantur Romæ ludi Florales cum omni lasciviâ , nam præter verborum licentiam quibus obscœnitas omnis effunditur exuuntur etiam vestibus populo flagitante meretrices. *Lactant. I. 12.*

bien digne de la déesse Flora,
célèbre courtisane : mais enfin
ces baladines impures qu'on ap-
pelloit *mimes* étoient des femmes publiques , *meretrices* , au
lieu que dans la Grèce, à Sparte,
la sévère Sparte, ce fut un point
de l'éducation des filles , des
honnêtes filles , de luter & dan-
ser toutes nues à certaines fêtes solemnelles , avec de jeunes
garçons dans le même état (*p*).
Et Platon dans sa république (*q*)
avoit des raisons pour souhai-
ter que cette pratique fût générale. Ce vœu d'un philosophe si grave marque bien que les
grecs pensoient différemment
des Romains sur la sagesse du
culte. Le peuple romain ne fran-
chit les bornes de la pudeur,

____

(*p*) Plutarch. in Lycurg. pag. 47.
(*q*) Lib. 5.

que dans les jeux Floraux , encore en montra-t-il un refte , lorfque fous les yeux de Caton , il n'ofa pas demander la nudité des mimes (r). Caton fe retira pour ne pas troubler la fête.

Mais ce peuple ne garda aucune mefure dans la cruauté qui enfanglanta fes jeux. On ne fe rappelle pas fans frémir ces gladiateurs animés par les applaudiffemens , acharnés à s'arracher la vie , une plaie n'attendant pas l'autre, & le fang qui ruiffeloit demandant toujours du fang : ou ces autres plus malheureux encore , qui combattoient contre des tigres & des lions , jufqu'au moment où ils étoient mis en piéces. Tels fu-

(r) Hos ludos fpectante M. Porcio Catone populus , ut mimæ nudarentur , erubuit poftulare. *Valer. Max. XI. 19. 8.*

rent les jeux Funéraires , où l'on faisoit mourir les vivans pour honorer les morts. Je sçais que ces victimes infortunées étoient ou des criminels condamnés par les loix , ou des esclaves qui avoient fui ; mais ce seroit mal justifier Rome , & ce n'est pas mon intention. La Grèce n'admit ses terribles jeux , que lorsqu'elle fut tombée sous la domination des romains , encore Athènes s'en défendit-elle (s).

Remarquons cependant avec Servius que la Grèce avoit donné le signal de cette barbarie religieuse sous une autre forme : c'étoit la coutume dès les tems héroïques, d'égorger des captifs sur les tombeaux des guerriers. Achille immola deux jeunes troyens sur le bucher de Pa-

______

(s) Lucianus in vitâ demonact p. 1014.

D iij

trocle (*t*) ; & le pieux Enée qui avoit les mœurs grècques, (Virgile garde les coutumes) arrose aussi de sang humain les cendres de Pallas (*u*). L'histoire ne marque pas positivement jusqu'à quel siécle fut poussé ce point de religion ; les romains voulurent le réformer. Faire périr un gladiateur par un autre, en donnant la vie & la liberté au vainqueur, ou encore commettre un homme avec un lion, leur parut moins atroce, que de l'égorger de sang froid, & avec des prières, sur un tombeau (*x*).

Il est vrai du moins qu'ils ne répandirent jamais le sang

(*t*) Iliad. lib. 23. pag. 398.
(*u*) Æneid. lib. XI. *v.* 81.
(*x*) Moris erat in sepulchris virorum fortium captivos necari ; quod postquam crudele virum est, placuit gladiatores antè sepulchra dimicare. *Servius, Æneid.* 519.

humain dans leurs sacrifices. Les sacrifices faisoient la partie la plus essentielle du culte. Ce ne fût pas une chose indifférente, lorsque les hommes s'avisèrent d'égorger des animaux pour honorer la divinité, au lieu d'offrir simplement les fruits de la terre. Le sang des taureaux fit penser à plus d'un peuple, que le sang des hommes seroit encore plus agréable aux dieux. Si cette idée n'avoit saisi que des barbares, nous en serions moins surpris : les grecs dont les mœurs étoient si douces s'y laissèrent entraîner. Calchas, si nous en croyons Eschyle (*y*), Sophocle (*z*) & Lucréce (*a*) sacrifia Iphigenie

____

(y) *Dans Agamemnon.*
(z) *Dans Electra.*
(a) Aulide quo pacto triviaï virginis aram
Iphianassaï turparunt sanguine foedè
Ductores Danaüm.   *Lucret. lib. 1.*

D iiij

en Aulide. Homère n'en convient pas, puisqu'Agamemnon l'offre en mariage à Achille dix ans après (*b*). Mais la coutume impie perce à travers cette différence de sentimens. Et l'histoire nous fournit d'ailleurs des faits qui ne sont pas douteux : Lycaon roi d'Arcadie immola un enfant à Jupiter Lycien , & lui en offrit le sang (*c*). Le nom de Callirhoë est connu : le bras étoit levé , elle expiroit , si l'amoureux sacrificateur en s'appliquant l'oracle ne se fût immolé pour elle (*d*). Aristodeme enfonça lui-même le couteau sacré dans le cœur de sa fille , pour sauver Messene (*e*). Et ce

---

(*b*) Iliad. lib. 9.
(*c*) Pausan. in Arcadicis pag. 600.
(*d*) Idem , in Achaïcis pag. 575.
(*e*) Idem , in Messeniacis pag. 302.

n'étoit point-là de ces fureurs
paſſagères , que les ſiécles ne
montrent que rarement. L'A-
chaie voyoit couler tous les ans
le ſang d'un jeune garçon &
d'une vierge , pour expier le
crime de Menalippus & de Co-
metho , qui avoient violé le
temple de Diane par leurs
amours (*f*). Sparte appaiſoit la
même déeſſe par le retour an-
nuel des mêmes horreurs (*g*).
Lucrece avoit - il tort de s'é-
crier : La religion a - t - elle pû
conſeiller de tels forfaits (*h*) !

Je ſçais que Lycurgue & d'autres légiſlateurs abolirent ces ſa-
crifices barbares , non ſans s'ex-
poſer à des murmures. Rome

(*f*) Pauſan. in Achaïcis pag. 571.
(*g*) Idem , in Laconicis lib. 3.
(*h*) Tantum relligio potuit ſuadere malorum.   *Lucret. lib. 1. v. 102.*

D v

n'eut pas la peine de les prof-
crire , elle n'en offrit jamais.
Dire que les grecs étoient encore bien nouveaux , & peu po-
licés , lorfqu'ils donnèrent dans
ces excès de religion , ce n'eft
pas les juftifier : quoi de plus
dur & de plus féroce que les
romains fous Romulus ? Cependant aucune victime humaine
ne fouilla leurs autels , & la
fuite de leur hiftoire n'en fournit point d'exemple : au contraire
ils en marquèrent une horreur
bien décidée , lorfque dans un
traité de paix ils exigèrent des
carthaginois , qu'ils ne facrifie-
roient plus leurs enfans à Saturne , felon la coutume qu'ils
en avoient reçûes des phéniciens
leurs ancêtres. Néanmoins La-
ctance & Prudence au quatriéme
fiécle viennent nous dire, qu'ils
ont vû de ces déteftables facrifices dans l'empire romain ,

fi c'eût été une continuation des anciens , Tite-Live , Denys d'Halicarnaffe & les autres hiftoriens nous en auroient montré quelque veftige , mais quand il y en auroit eu au quatriéme fiécle , il ne feroit pas étonnant que dans une religion qui périffoit avec Rome , on eût introduit des pratiques monftrueufes. Ce qui en avoit le plus approché , c'étoit ces dévouemens religieux qui fe faifoient pour la patrie. Un guerrier enthoufiafmé d'un pareil motif, un conful même après certaines cérémonies, des prières & des imprécations contre l'ennemi , fe jettoit tête baiffée dans le fort de la mêlée ; & s'il n'y périffoit pas , c'étoit un malheur qu'il falloit expier.

Ainfi périrent trois Decius , tous trois confuls. Mais ce furent-là des facrifices volontaires

que Rome admiroit & n'ordon-
noit pas. Si elle enterra des vesta-
les toutes vives, c'étoit des coupables qu'on punissoit suivant
les loix, pour avoir violé leurs
engagemens. Elle pensa toujours que le sang des brebis,
des boucs & des taureaux suffi-
soit aux dieux, & que celui des romains ne devoit se verser que
sur un champ de bataille, ou
pour venger les loix.

C'est ainsi que Rome, en
adoptant la religion grècque,
en réforma le culte, le merveilleux, les dogmes & les dieux
même.　　**FIN.**

APPROBATION.

J'Ai lû par ordre de Monseigneur le Chancelier
un Manuscrit, qui a pour titre: *Dissertation sur
la différence de deux anciennes Religions, la Grecque
& la Romaine*, par M. *l'Abbé Coyer*; & je n'y ai
rien trouvé qui puisse en empêcher l'impression.
A Paris ce 10 Septembre 1754.
COQUELEY DE CHAUSSEPIERRE.
*Le Privilége & l'Enregistrement se trouvent à la fin
de la vie de Symonide.*

CATALOGUE

DES LIVRES DE FOND

ET D'ASSORTIMENT,

Qui se vendent à PARIS, chez DUCHESNE, Libraire, rue S. Jacques, au dessous de la Fontaine S. Benoît, au Temple du Goût, 1755.

*Nota. Les Livres marqués d'une * désignent ou qu'ils sont nouveaux, ou réimprimés.*

ABREGE' Chronologique de l'Histoire d'Angleterre, depuis le commencement de la Monarchie, jusqu'au Roi qui est actuellement sur le Thrône, avec des anecdotes curieuses, & une déscription des principales Villes des trois Royaumes, par M. *du Tertre*, 3 vol. *in-12.* 1752.   prix, 7 l. 10 s.

* Architecture des Voûtes, ou l'Art des Traits & Coupes des Voûtes, Traité utile & nécessaire à tous Architectes, Maîtres Maçons, Appareilleurs, Tailleurs de pierres, & généralement à tous ceux qui se mêlent de l'Architecture, même Militaire, par le *R. P. Derand, Jesuite*, troisiéme édition, revûe & corrigée, avec toutes les figures gravés en taille-douce, 1 vol. *in-fol.* 1755.   25 l.

Anecdotes Africaines, ou Mémoires historiques de Mourat & de Turquia, 1752. 2 parties,   2 l.

Annales de Tacite, avec des notes politiques & historiques, par M. *Amelot de la Houssaye*, nouv. édit. 4 vol. *in-12.*   10 l.

Avantures du Voyageur Aërien, histoire Espagnole, avec les Paniers, ou la Vieille Précieuse, Com. *in-12.*   2 l.

* L'Argenis de Barclay, trad. nouv. par M. l'*Abbé Josse*, Chanoine de Chartres. 1754. 3 vol. *in-12.* 7 l. 10 s.

BIbliothéque amusante & instructive, contenant des anecdotes intéressantes & des histoires curieuses, &c. *in-12.* 1755. 2. vol. La suite est sous-presse, 5 l.

Bibliothéque des Philosophes Chymiques, nouv. édit.

très-augmentée de plusieurs Philosophes , *in*.12. 4
vol. avec fig.   16 l.
Le tome 4 se vend séparément , imprimé en 1754. 4 l.
* Bagatelles Morales, ou Recueil de plusieurs Piéces
  fugit. par M. *l'Abbé Coyer*, 2 édit. *in*-12. 1755. 2 l.
* Carmentiere , ou les Engagemens rompus par l'a-
  mour , 2 parties, *in*-12. 1754.   3 l.
CHoix de différentes Piéces nouvelles , qui ont été
  représentées aux Théâtres depuis quelques années , 5 vol. *in*·12. 1751 à 1755.   15 l.
Conférence de la Fable avec l'Histoire Sainte , où l'on
  voit que les grandes fables , le culte & les mysté-
  res du Paganisme ne sont que des copies altérées des
  histoires des Hébreux , 2 vol. *in*-12.   5 l.
* *Collectio judiciorum de novis erroribus , qui ab initio
  XVII. saculi usque ad annum, in Ecclesiâ praescripti
  sunt , studio Caroli du Plessis d'Argentré , Episcopi Tu-
  telensis* , nov. Edit. *in-fol.* 3 vol. 1755.   72 l.
Le tome III. se vend séparément ,   24 l.
Le même en grand papier & beau , 3 vol.   90 l.
Le même tome III. séparé en grand papier ,   30 l.
DEscription historique des Château , Bourg , forêt & environs de Fontainebleau , avec l'explication des peintures, tableaux statues, ornemens, &c.
  enrichis de plusieurs plans & figures , par M. *Gil-
  bert* , 2 vol. *in*-12.   5 l.
La carte générale de Fontainebleau & forêt se vend
  séparément ,   12 s.
* Déjeûné (le) de la Rapée , ou Discours des Halles
  & des Ports , troisiéme édit.   12 s.
ETrennes (les) de la S. Jean , revûes , corrigées
  & augmentées , avec la Relation galante & fu-
  neste , troisiéme édit. 1 vol. *in*-12.   2 l.
* Entretien d'un Européen avec un Insulaire du Royaume de Dumocala , par le *Roi de Pologne* , nouv. édit.
  à laquelle on a joint les Extraits & les Jugemens
  qui ont paru dans différens Journaux , 1754.   2 l.
Ecosseuses, ou les Œufs de Pâques, suivis de l'histoire du
  Porteur d'eau , & de la Ravaudeuse ,   2 l.
* Entretiens sur les Romans, Ouvrage moral & critique , *in*-12.   3 l.
* Essai sur l'Architecturé moderne , par le *Perc Lan-
  gier* , *in-octav.* 1754.   2 l o. 1 s.
* Essais historiques sur Paris, de M. *de Saint-Foix*, 1754.
La premiére partie paroît , & se vend   1 l. 16 s.

Et les autres sont sous presse.

Elémens historiques, ou Méthode courte & facile pour apprendre l'Histoire aux enfans, par *l'Abbé de Maupertuis*, in-12. 2 vol.   5 l.

L'Esprit des Loix, quintessencié par une suite de Lettres analytiques, 2 vol. *in*-12. nouv. édit. 1755. 5 l.

* L'Esprit des Nations, 2 vol. *in*-12. 1753. 4 l. 10 s.

Essai sur l'esprit, ses divers caractéres & ses différentes opérations, *in*-12.   2 l. 10 s.

Essais sur la connoissance du Théâtre, *in*-12. 1751.
                                                    1 l. 4 s.

Etat présent d'Espagne, son établissement, ses révolutions, sa décadence, son rétablissement & ses accroissemens, par M. *de Veyrac*, *in*-12. 4. vol.   10 l.

Explication des sept Sacremens de l'Eglise, institués par N. S. J. C. 3 vol. *in*-12.   7 l. 10 s.

* Extrait du livre de l'Esprit des Loix, chapitre par chapitre, avec un Extrait de toutes les Critiques qui ont été faites de cet Ouvrage, par M. *Freron*, *in*-22. 3 l.

Filles femmes, (les) & les femmes filles, conte, où il n'en est pas un, avec les quinze minutes, tems bien employé. L'Isle de France, ou la nouvelle Colonie de Vénus, faisant la deuxiéme partie des Filles femmes, 1753,   2 l. 8 s.

* Fables & Contes en vers, par M. *de Riveri*, *in*-12. fig. 1754. avec un Discours sur la littérature Allemande,
                                                    2 l. 10 s.

Grammaire Allemande, par M. *Gottsched*, Professeur de Philosophie en l'Université de Leipsick, contenant les premiers principes de la langue Allemande, dans un ordre nouveau, & mise en François par M. *Quand*, *in octav*. 1754.   2 l.

* Histoire des conjurations, conspirations & révolutions célébres de l'Europe, *in*-12. 1754. 3 vol.
                                                    7 l. 10 s.

(Cet Ouvrage se distribuera 3 vol. à 3 vol.) La suite est sous presse.

Histoire des Singes, & autres animaux curieux, dont l'instinct & l'industrie excitent l'admiration des hommes, comme les éléphans, les castors, &c. 1753. 1 vol.   2 l.

Histoire du Chevalier du Soleil, dont on a tiré sur l'ancien Roman ce qu'on a trouvé de plus essentiel & de plus digne de la curiosité du Public, en 4 parties, *in*-12. 1752.   5 l.

Histoire de l'exil de Ciceron , par M. *de Morabin* , avec plusieurs Lettres écrites a son épouse , à ses enfans & à son frere , *in*-12. 1 vol. nouv. édlt.   2 i. 10 s.

* Histoire des Imaginations extravagantes de M. *Oufle* , accompagné d'un très-grand nombre de notes curieuses , qui rapportent fidélement les endroits des livres , qui ont causé ces imaginations extravagantes , ou qui peuvent servir pour les combattre. 1754. 5 parties , *in*-12. le tout enrichi de figures , entr'autres celle du Sabbat.   6 l.

J Alousie inutile , ou Histoire de la Favorice , 1753.   1 l. 4 s.

Imitation de J. C. où il y a un chapitre de plus que dans les autres éditions , avec l'Ordinaire de la Messe , & traduite selon la langue vulgaire , troisiéme édit. par M. *l'Abbé Langlet du Fresnoy* , *in*-12. fig. sous presse ,   2 l. 10 s.

Jugement d'un Amateur sur l'exposition dés tableaux. par le *Pere Laugier* , 1754.   1 l.

* **L** Ettres d'une Péruvienne , nouv. édit. augmentée de plusieurs Lettres , & d'une Introduction à l'Histoire , qui n'avoient pas encore paru , suivies de Cenie , Piéce Dramatique en cinq Actes , par Madame *de Grafigny* , 2 vol. avec fig. 1755.   5 l.

* Lettres Turques , & de Nédim Goggia , nouv. édit. augmentée considérablement , 2 parties , 1755. 3 l.

* Lettres Critiques sur les Lettres Philosophiques de *M. de Voltaire* , par rapport à notre ame , à sa spiritualité & à son immortalité , avec la Défense des pensées de Pascal contre la Critique du même M. *de Voltaire* , *in*-12. 1754.   2 l.

* **M** Editations Chrétiennes pour tous les jours de l'année , nouv. édit. augmentée dés Priéres pour le matin & le soir , & de l'Ordinaire de la Messe à chaque volume , par *le R. P. Chapuis* , 3 vol. *in*-12. 1753.   7 l. 10 s.

* Mémoires de M. le Marquis de Chouppes , Lieutenant Général des Armées du Roi , & son Ambassadeur en Portugal , 2 parties , 1753.   3 l.

* Mémoires de Gaudence de Luques , prisonnier de l'Inquisition , nouv. édit. considérablement augmentée , belles figures , 4 parties , 1753.   6 l.

Mélange littéraire , ou Lettres d'une Société , contenant des Remarques sur quelques Ouvrages nouveaux , 1752. 1 vol.   2 l.

❋ Mémoires Littéraires, contenant des Réflexions fur l'origine des Nations, & des Diſſertations fur les propriétés des différentes eaux & fontaines brulantes, avec le moyen de multiplier le bled, & d'améliorer *les terres*, traduits de l'Anglois, *in*-12, avec fig. 1751.
2 l. 10 ſ.

Mémoires & Avantures d'une femme de qualité, 1751.
12 ſ.

Maſque, (le) ou Anecdotes particuliéres du Chevalier de ❋❋❋ 1751.
1 l. 4 ſ.

Mémoires hiſtoriques de la Champagne, ſon état, la deſcription des Villes, Châteaux, Terres, Communautés, Hôpitaux, Commerce, Tribunaux, &c. par M. *Baugier*, *in-octav.* 2 vol.
5 l.

Mémoires de M. de Klinglin, Préteur de Straſbourg, contenant un précis de ſon procès, *in*-12.
3 l.

❋ Maniére de rendre toutes ſortes d'édifices incombuſtibles, ou Traité ſur la conſtruction des Voûtes faites avec des briques, dites Voûtes plates, & d'un toît de brique ſans charpente, par M. le Comte d'*Eſpies*, avec les plans & profils, gravés en taille-douce, 1754.
2 l.

Nouveau Traité du grand négoce de France, contenant pluſieurs tarifs, aulnages de toiles, draps, manufacturés des villes de France, Hambourg, Hollande, Banque, Change, Monnoie, avec un Traité de la Marine, Jaugeage de Vaiſſeaux de guerre & Navires, nouv. édit. 2 vol. *in*-12. avec fig.
5 l.

❋ Naufrage des Iſles flotantes, ou la Baſiliade du célébre Pilpay, traduit de l'Indien, 2 vol. *in*-12. 1713.
4 l.

Le nouveau Miroir de la Fortune, ou Abrégé de la Géomancie, *in*-12.
1 l. 4 ſ.

Nouveau Recueil de Piéces qui ont été repréſentées ſur le Théâtre de l'Opera Comique, depuis ſon rétabliſſement, 3 vol. *in-octav.* avec les airs notés, 1755.
13 l. 10 ſ.

Nouveau-Recueil de Piéces de Théâtre de différens Auteurs, repréſentées aux Théâtres François & Italien depuis 1747. *in-octav.* 3 vol.
13 l. 10 ſ.

❋ Obſervations ſur l'Eſprit des Loix, ou l'Art de lire ce livre, de l'entendre & d'en juger, avec toutes les Critiques qui ont paru ſur *l'eſprit des Loix*, & l'Apologie du même Ouvrage. Le tout contient

(6)

s parties. Elles font partie des 27 volumes des Ouvrages périodiques, annoncés ci-après. Le prix féparé
eft de 24 f. par partie.
Œuvres de Théâtre de M. D***. 1 vol. in-12. 1753.
3 l.

* Œuvres de M. Remond de Saint Mard, contenant
fes Dialogues des Dieux, les Lettres Galantes &
Philofophiques, fes Réflexions fur la Poëfie, & autres Ovrages, nouv. édit. corrigée & augmentée, 5
vol. avec fig. petit format, 1753. 10 l.
Œuvres de Vergier, nouv. édit. revûe, cotrigée & augmentée, 2 vol. petit format, 1753. 5 l.
Œuvres de M de G***. 4 vol. in-12. nouv. édit. avec
fig. 12 l.
Œuvres nouvelles de Maucroix, contenant la première
Tufculane de Ciceron du mépris de la mort ; Laëtius,
ou de l'Amitié, Caton l'Ancien, ou de la Vieil-
leffe, avec quelques Lettres de Brutus & de Cœlius au
même, fes Satyres & les Epîtres d Horace, 1 vol.
in-12. 2 l. 10 f.
* Œuvres de M. Vadé : fçavoir fon Recueil de Piéces de
Théâtre, 2 vol. in-octav. avec les air notés, 1755. 10 l.
* La Pipe caffée & les Bouquets, avec fig. 1 l. 4 f.
Lettre de la Grenouillere, in-12. 1 l. 4 f.
* Ouvrages Periodiques. Le Libraire avertit, que ces Ouvrages fous différens titres, quoique des mêmes Auteurs ; c'eft-à-dire, de Meffieurs Freron & l'Abbé
de la Porte, forment 27 vol. fçavoir, du premier :
Lettres fur quelques Ecrits de ce tems, &c. 13 vol. Opuf-
cules de M. Freron, 3 vol. Et du fecond : Obfervations fur la Litterature moderne, 9 vol. Voyage en l'autre monde, 1 vol. Obfervations fur le livre de l'Efprit des Loix, 3 parties qui forment 1 vol. Tous ces
Ouvrages fe vendent féparément, le vol. 3 l.
Et enfemble, 81 l.

Panégyriques choifis, par M. l'Abbé Boileau, in-12.
2 l. 10 f.
Penfées choifies fur différens fujets de Morale, avec
la fuite des Penfées, par le même, in-12. 3 l.
Piéces dérobées à un Ami, contenant plufieurs Poë-
fies & Chanfons avec la Mufique, par M. l'Abbé de
Lattaignant, 4 vol. in 12 nouv. édit fous preffe.
* La Pleyade Françoife, ou l'Efprit des fept plus grands
Poëtes, en forme de Dictionnaire, 2 vol. pet. for-
mat, 5 l.

* Principes de la Grammaire Françoise, avec un nouveau Traité sur la Prononciation, par M. *l'Abbb Antonini*, *in-12.*, 1754.   2 l. 10 f.

Principes de la nature & de la génération des chofes, fuivant les fentimens des anciens Philofophes, & l'Abrégé de leur fentiment fur la compofition des corps, 3 vol. *in-12.*   7 l po f.

Les Principes de la nature . ou de la génération de toutes chofes , fe vendent féparément,   2 l. 10 f.

Penfées choifies du *R. P. Bourdaloue*, *D. L. C. D. J.* fur différens fujets de Morale & de Religion, *in-octav.* 2 vol.   12 l.

R Eligion Proteftante , convaincue de faux dans fes régles de Foi particuliéres , par les propres aveux & raifonnemens de fes Défenfeurs , pour fervir de Réponfe à un Ecrit intitulé : *Réponfe à M. Maynard & à M. de Meaux* , &c. par M. *Maynard*, *in-12.* 2 vol.   5 l.

* Régle du Jeu du Médiateur , ou l'art de bien jouer ce jeu , fuivi du Tritri, *in-12.* 1754.   2 l.

* Roman Oriental , 1754. 2 parties ,   3 l.

S Cience (la) parfaite des Ecuyers , avec un Recueil des Remédes très-intéreffans pour tous les chevaux & animaux, par M. *de Befrieres*, nouv. édit. très-augmentée, 1 vol. *in-octav.* 1751.   2 l. 10 f.

Science (la) Naturelle , ou Explication curieufe & nouvelle des différens effets de la nature terreftre & célefte, 1 vol. *in-12.*   2 l. 10 f.

Sermons & Homélies fur les Evangiles du Carême , *in-12.* 2 vol. par M. *l'Abbé Boileau* ,   6 l.

* Siécle Littéraire de L O U I S X V. ou Lettres fur les Hommes Célébres, 2 parties, 1754.   3 l.

* Spectateur François , par M. *Marivaux* , nouv. édit. 1754. 2. vol. *in-12.*   5 l.

* T Raité des Ponts , où il eft parlé de ceux des Romains , & de ceux des Modernes , de la différentes de toutes fortes de Ponts , des matériaux dont on les conftruit , avec les Edits , Déclarations , &c. rendus fur la même matiére , par M. *Gautier* , Infpecteur des Ponts & Chauffées, 1 vol. *in-octav* avec quantité de fig. troifiéme édit. 1755.   9 l.

* Traité de la Conftruction des Grands Chemins , où il eft parlé de ceux des Romains , & des Modernes ; des Pavés des Grands Chemins & des Rues , fuivant

(5)

qu'on le pratique dans toutes fortes de lieux, augmentée de tous les Edits, Déclarations, Arrêts, Ordonnances & Coutumes, &c. nouv. édit. par *le même*, *in-octav.* avec fig. troisiéme édit. 1755. 7 l.

* Telliamed, nouv. édit. revûe, corrigée, & confidérablement augmentée. Ainfi que de la vie de l'Anteur, 2 vol. *in* 12. 1755. 5 l.

Traité de Phyfique fur la pefanteur des corps, par *le R. P. Caftel, D. L. C. D. J. in-*12. 2 vol. 5 l.

* Traité de la Diction Françoife, par M. *Efteve*, de l'Académie de Montpellier, 1755. *in-*12. 2 l.

* Voyage en l'autre Monde, ou Nouvelles Littéraires de celui-ci, avec des Entretiens fur plufieurs fujets, 2 part. *in-*12. 1753. 3 l.

* Voyage de S. Cloud par mer & par terre, avec le retour de S. Cloud à Paris, tant par mer que par terre, & les Annales de Saint Cloud & de Chaillot, nouv. édit. 1755. 2 part. 2 l.

Voyage & Defcription du Temple de Cithére, fuivi du Rien de trop, & de Ranné & Mafcave, conte Philofophique, 1 vol. *in-*12. 1752. 3 l.

Vie de Pierre Aretin, petit vol. *in-*12. avec fig. 1751. 2 l.

* Vie (la) & les Amours de Properce, Chevalier Romain, nouv. édit. par M. *Gillet de Moivre*, 1754. *in-*12. 2 l.

Voyage de Syrie & du Mont-Liban, par M. *de la Roque*, 2 vol. *in-*12. avec fig. 5 l.

Voyage au Levant, ès années 1731. & 1732. par M. *Tollot, in-*12. 2 l.

Vulgate authentique dans tout fon texte, plus authentique que le texte Hébreu, que le texte Grec, qui nous reftent. Théologie de Bellarmin, 1754. 3 l.

Théâtre de Pradon, *in-*12. 2 vol. 5 l.
————— de Crebillon, *in-*12. 3 vol. 6 l.
————— Idem, grand, *in-*12. 3 vol. 7 l. 10 f.
————— Campiftron, 3 vol. 6 l.
————— La Foffe, 2 vol. 4 l. 10 f.
————— La Fond, *in-*12 2 l. 10 f.
————— La Thuilerie, *in-*12. 2 l.

Supplément aux Œuvres de Théâtre de M. de Boiffy, 1 vol *in-octav.* 4 l.

On trouve dans la même boutique un affortiment général de tout le Théâtre, ainfi que des Piéces féparées, tant anciennes que modernes.

NOUVELLES PIECES DE THEATRE
detachées, deppis 1747. jusqu'à ce jour.

Piéces *in-octav.*
Le Retour de la Paix.
Le Prix du Silence.
La Frivolité, 1753.

Mahomet, *Tragedie de Vol-*
taire.
L'Eunuque, *Parade.*
Agathe, ou la chaste Prin-
cesse, *Comedie.*
Syrop au cul, T,
Les deux Biscuits, T.
Le Pot-de-chambre cassé.
Madame Angueule, *Par.*
Le tribunal de l'Amour.
La double Extravag. *Com.*
Le Magnifique, *Com.* avec
un *Divert.*
Le Miroir, *Com.*
Le Bacha de Smirne, C.
L'Année Merveilleuse, C.
La Mort de Bucephale.
Benjamin, ou la Recon-
noissance de Joseph, *Trag.*
Alexandre, *Tyran.*
Les parfaits Amans, *Com.*
Alcelste, *Divert.*
Les Hommes, *Com. Bal.*
Les Femmes, *Com. Bal.*
Brioché, *Parodie.*
L'Amant déguisé, *Parod.*
Le Prix des talens, *Parod.*
Pieces *in-12.*
L'Ecole des Peres, *Com.*
Callisthene, *Trag.*
L'Amante ingénieuse, C.
La Fausse prévention, C.
Les Veuves, *Com.*
Les Adieux du Goût, C.

Les Courses de Tempé,
Pastorale.
Gustave, *Trag.*
La Métromanie, *Com.*
Les Mariages assortis, C.
La Loquette fixée, *Com.*
Le Réveil de Thalie, C.
L'Ecole du Monde, *Com.*
Le Retour de l'Ombre de
Moliere, *Com.*
Les Petits Maîtres, *Com.*
Le Provincial à Paris, C.
Les Fausses Inconstan. C.
La Feinte supposée, *Com.*
Calisté, ou la belle Pén. T.
Merope, *Trag.*
Le Marchand de Londres,
Trag. Bourg.
La Partie de Campagne, C.
Le Plaisir, *Com.* avec un
Divert.
Vanda, Reine de Polog. T.
Les Souhaits, *Com.*
Momus, Philosophe, C.
Electre, d'Euripide, *Trag.*
Cenie, *Piece Dram.* 5 *Act.*
La Colónie, *Com.*
Le Valet, Maître, *Com.*
La Gageure, *Com.*
Varon, *Trag.*
Abaillard & Heloïse, *Piece*
Dram.
Les Engagemens indisc. C.
La Métempsycose, *Com.*
L'Héritier généreux, C.
Le Retour du Goût, C.
La Campagne.
Les Lacédémoniennes.
Les trois Tuteurs, *Com.*

OPERA-COMIQUES NOUVEAUX,
depuis 1752.

La Fileufe , *Parodie.*
Le Poirier.
Le Bouquet du ROI.
Le Suffifant.
Les Troqueurs & le Rien. *Parod.*
Airs choifis des Troqueurs.
Le Recueil de Chanfons avec la Mu-
fique.
Le Trompeur trompé.
Il étoit tems , *Parod.*
La nouvelle Baftianne.
La Mufique de la Fontaine de Jouvence.

> Par M. *Vadé.*

La Magie inutile.
L'heureux Accord.

La Coupe enchantée.
Les Filles.
L'Ecole des Tuteurs.
La Péruvienne.
Le Retour favorable.
Le Miroir magique.
L'heureux Evénement.
Le Rofignol.
Autre Rofignol.
La Rofe , ou l'Hymen.
Le Calendrier des Vieillards.
Le Monde renverfé.
Les Boulevards.
Le Plaifir & l'Innocence.
Bertolde à la Ville.
Les Fra-Maçonnes.
L'Impromptu des Harangéres.
L'Amour au Village.
Les Chinois en France.

> Par Meffieurs *Rochon.*

SUPPLEMENT AU CATALOGUE.

INftitutiones Philofophicæ ad faciliorum veterum. (Pur-
chitii) , *in-quart.* fig.   12 l.
Relations nouvelles du Levant, ou Traité de la Re-

ligion , du Gouvernement & des Coutumes des Per-
ses , des Arméniens & des Games , in-12. 2 l. 10 f.
Histoire des Juifs , par Flavius Josephe , par Demandes
& Réponses , 3 vol. nouv. édit. 1755. 7 l. 10 f.
Mémoires présentés à M. le Duc d'Orleans , conte-
nant les moyens de rendre ce Royaume très-puissant ,
in-12 2 part. par M. *de Foulainvilliers*, nouv. édit.
1755. 3 l.
Mélanges Philosophiques , de M. *de Formey* . in-12.
2 vol 1754. 5 l.
Vie du Cardinal d'Amboise , 2 vol. *in-12*. 5 l.
Actions Chrétiennes , par le *Pere Simon* , 8 vol. *in-12*.
15 l.
Dictionnaire Janseniste. , 4 vol. *in-12*. 10 l.
Méditations sur l'histoire & la concorde des Evangi-
les , par *Feideau* , *in-12*. 5 l.
Morale de J. C. tirée de ses maximes & de ses exem-
ples , par *Camaret* , in-octav. 3 vol. 9 l.
Histoire de Tincurbec , Empereur des Mogols , par M.
de la Croix , 4 vol. *in 12*. 10 l.
Méthode pour converser avec Dieu , par *le Franc* ,
in-12. 1754. 2 l. 10 f.
Pasteur Apostolique , enseignant les Fidéles , à l'usage
des Prédicateurs , Curés , &c. *in-octav*. 2 vol. 7 l
Révolutions de Pologne , *in-12*. 2 vol. 5 l.

Il se vend aussi chez le même Libraire plusieurs Divertisse-
mens des Pieces de Théâtres . & autres Musiques :

S ç A V O I R ,

L'Amusement des Dames , 10 part.
La Toilette de Vénus , dressée par l'Amour , 10 part.
Le Passe-tems agréable & divertissant , 10 part.
Les Desserts des petits soupers , 5 part.
Recueil des Menuets , Contre-Danses , 13 part.
Recueil d'Airs tirés des Opera , 12 part.
Amusemens Champêtres , 1 part.
Menuets nouveaux en Concerto , Contre-danse , 4 part.
Choix de différens morceaux de Musique , 3 part.
Les loix de l'Amour , 3 part.
Cela forme 7 vol. qui se vendent 12 l. le vol. & le
cahier 1 l. 4 f. piéce : le tout se vend séparément.
Comme le Public a beaucoup approuvé ces Recueils, l'E-

diteur a entrepris de les continuer, & de mériter son ap-
probation, par son empressement à lui donner ce qu'il y a
de meilleur & de plus amusant. On voit d'ailleurs qu'ils
sont d'une ressource infinie pour les Etrangers, & pour ceux
qui jouent des Instrumens, puisqu'ils renferment les Airs
les plus jolis, & les plus propres à former les jeunes gens,
& les perfectionner dans la Musique, & sont très-utiles
à toutes les Soeictés qui veulent jouer la Comedie.

ALMANACHS NOUVEAUX.

LEs Spectacles de Paris, ou Calendrier Historique
    & Chronol. de tous les Théâtres, quatriéme part.
1755. Chaque part. se vend séparément   1 l. 4 s.

La France Littéraire, ou l'Almanach des Beaux Arts,
    contenant les Noms & Ouvrages de tous les Au-
    teurs François qui vivent,   1 l. 4 s.

Almanach des Corps des Marchands, Arts, Métiers
    & Communautés du Royaume,   1 l. 4 s.

Almanach Ecclésiastique & Historique,   1 l.

Almanach de perte & de gain, avec un abrégé alpha-
    bétique de tous les Jeux qui se jouent en Europe,
                             1 l. 4 s.

Almanach Dansant, Chantant,   12 s.

Almanach Chantant du Beau Sexe, ou nouvelle Etho-
    mancie des Dames,   12 s.

Almanach Chantant, ou nouvelles Allégories,   12 s.

Nouvelle Loterie d'Etrennes magiques.   12 s.

Deux Almanachs des Fables en Vaudevilles,   1 l. 4 s.

Le Nostradamus moderne, en Vaudevilles,   12 s.

Nouveau Calendrier du Destin, précédé de tous les
    Amusemens de Paris,   12 s.

Nouvelles Tablettes de Thalie, ou les Promenades de
    Paris,   12 s.

L'Oracle de Cythere, ou l'Almanach du Berger,   12 s.

Etrennes des Amans, Chantantes,   12 s.

Almanach des Francs-Maçons,   12 s.

Etrennes à tout le Monde, ou la Bagatelle,   12 s.

La Magie Noire,   12 s.

Almanach Chantant de Momus,   12 s.

DISSER-

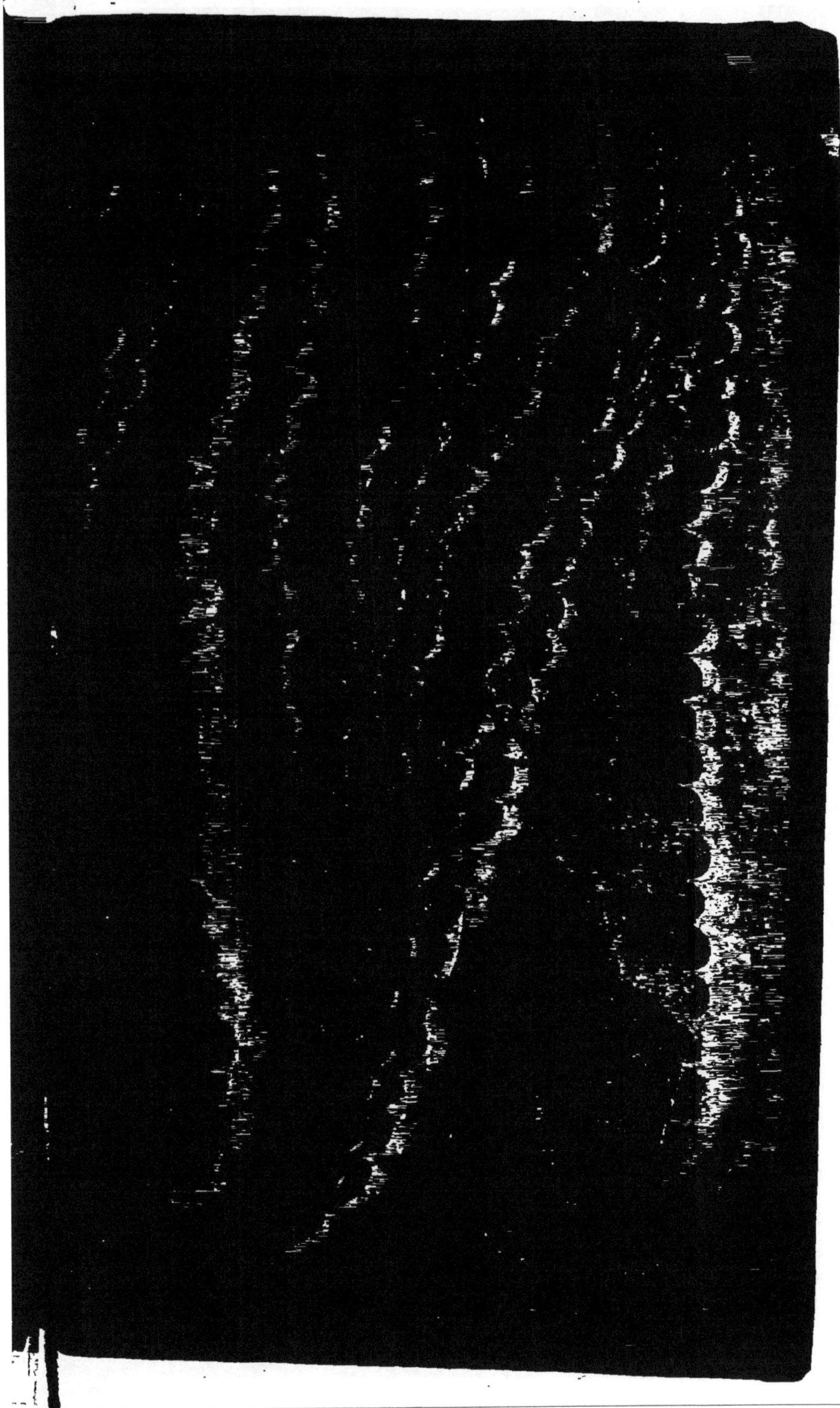

www.ingramcontent.com/pod-product-compliance
Ingram Content Group UK Ltd.
Pitfield, Milton Keynes, MK11 3LW, UK
UKHW020941140726
13695UKWH00003B/1138